저 너머 그곳

심지시선 020

저 너머 그곳

2013년 3월 20일 초판 1쇄 발행

지은이 박준규
펴낸이 윤영진
편 집 함순례
디자인 한천규 이경훈
펴낸곳 도서출판 심지
등록 제 253호
주소 300-812 대전광역시 동구 삼성동 125-2 4층
전화 042 635 9942
팩스 042 635 9941
전자우편 simji42@hanmail.net

ISBN 978-89-6627-041-5 03810

심지시선 020

저 너머 그곳

박준규 시집

심지

□ 시인의 말

사람은 생활환경의 변화에 따라 지적인 감수성도 변하는 듯합니다.

나는 시(詩)에 대해 전혀 문외한이었으며 일상생활에서 관심 밖의 일이었습니다.

신앙생활에 귀의하면서 그 진리의 오묘함과 사랑의 고상한 아름다움이 시적 감성을 유발하여 시를 쓰게 되었습니다.

세태의 흐름과 사람과의 관계에서 맺은 미움과 사랑, 그리고 자연의 섭리에 대하여 신의 조화로움과 화려함들이 아름다운 감성과 운율로 지어진 습작들을 여기에 담아봅니다.

"속에 묻혀있는 응어리 하나
그 껍질이 벗겨지려나
가쁜 호흡을 할딱인다.

돌 하나 어데서 굴러와
닫혔던 시계(詩界)에 불을 놓고
내 마음에 들어와

홍도화 꽃망울 활짝 핀
꿀벌의 향연처럼
선한 영혼 붉게 물들인다.

무엇인가 쏟아낼 듯
호숫가 벤치에 앉아
심연의 소리와 이야기 하며

곱 드린 사랑시를 맘껏 쏟아
팔질의 여정에 활짝 피우려하오."

이제 더욱 정진하여 아름다운 세계를 그리려 합니다.

2013년 이른 봄날에

차례

제2부 갈 땐 가더라도

제3부 강산이여

제4부 저 너머 그곳

제1부
산 너머 저 먼 곳엔

봄의 노래

산에 들에 피는 꽃은
아름다움 자랑이요

하늘 높이 호랑나비
너울너울 춤을 추며

세상 꽃 님 찾으려고
소슬바람 등에 올라

멀리 멀리 날아 와서
모든 꽃 님 사랑하네

봄을 실은 사랑 노래
땅 버들도 반겨주네

꽃은 지고 봄은 가나
열매 꽃은 아름답네

산 너머 저 먼 곳엔

먼 산 너머 그곳

영원함 있겠지요
사랑이 있겠지요
행복이 있겠지요
나눔이 있겠지요
믿음이 있겠지요
헤아림 있겠지요
위로함 있겠지요

높고 낮음 있을까
부와 가난 있을까
슬픈 삶이 있을까
불구의 몸 있을까
병든 자가 있을까

속죄의 은혜 있음을
사랑의 치유 있음을
깊은 보살핌 있음을

행복의 평화 있음을
나는 확신 하옵니다

저 너머 그곳엔
아름다운 하늘이
주야로 지키시며
사랑하고 보듬는
영원복락 있지요

꽃보다

사랑이 저만치 서서
깊은 향이 바람에 스치니

먼 여창에서 고향 그리며
그대 향해 가려 하오

새들도 보금자리 그리워
해설핏 노을 저어 가련만

많고 많은 사람 중에
나를 사로잡는 설혼* 임아
그대의 마음 밭에 나를 심어
환고향 함께 하자구려

나는 멀리서 가까이서
그대 우산이 되려하오

꽃보다 아름다운 사랑이여
목마른 사슴 한 마리

그대 품에 안겨 미소 짓네요

* 설혼 : 나이 서른을 말함

봄맞이 가자

실개천 땅 버들 하얗게 망울 맺고
아지랑이 하늘가에 하늘거린다.

종달새 하늘 높이 지저귀고
비둘기 사랑 찾아 구구 진다

양지쪽 냉이들 파릇 움트고
아낙네들 풀 향기에 흥얼거리니

목련화랑 매화랑 마주서서
꽃향기 자랑하니 아름다워라

봄소식 소리 없이 스며와
꽃나비 군무로 마중할 즈음

앞산을 살짝 넘은 봄 향기에
웃자란 처녀들 사랑 꽃 피우네

개구리 뿌드득 기지개 펴고

송아지 선 하품에 음매 기지개

모두야 일어나 봄맞이 가자
강남 제비 일찍이 날아 올 듯…

계절의 여왕

푸르른 오월이여
여왕처럼 화려하게
성장한 푸른 잎들이
꽃의 시상을 막는다

생명이 있기에 족하고
다시 보는 저 푸름이
찬란한 사랑이 되네

새들의 노래에
시 한 구절 실려
산울림 나래되게 하고

화려하고 귀한 계절
저리도 눈부신 것은
창조주의 사랑이니

더도 말고 덜도 말고
오월만 같았으면…….

동반자

사랑이 내게 달려와
눈길을 마주하며
파도를 넘은 긴사랑

숫사슴 울음소리 깊은 밤에
그대 수려한 모습이
내 심연에 파도가 인다

초생 달 눈 허리처럼
입가의 미소가 귀엽구나

잠시 지나는 바람도 아니요
머물다 간 바람은 더욱 아니여서
포근한 임이 더욱 아름답다

풍우를 이긴 들국화처럼
인고의 사랑이 내 울 안에
활짝 피어 화려하고나
그대 영원한 동반자여…

국화꽃 피는 날

국화꽃 피는 날
새싹이 싹트는 봄을 지나
국화꽃 찬 서리에 시드는 날
나는 봄을 넘긴 서운함에 묻혀
유월 어느 날 하루가 무덥던 날
쓸쓸히 시들은 꽃잎을 기억합니다

세상엔 국화꽃 핀 자리 없어지고
펼치던 내 꿈도 아쉽게도 멀어져
국화꽃 지고 나면 그뿐, 한해는 지나가고
일년 열두 달 마냥 서운해 합니다
국화꽃 피기까지는
나는 한해를, 아니 영원히 기다리려오
찬란히 피는 가을을

새날

사월의 산뜻한 새날이 밝았다
새로운 탄생을 반기듯
온갖 꽃들이 활짝 웃는다

자백색 목련화의 수려함과
매화꽃 환하게 활짝 피어
눈 안에 찬란히 비친다

하늘엔 엷은 안개 드리우고
동녘엔 불그레한 햇님이
살짝 윙크 한다

산업 도로엔 밤새 달려온 듯
크고 작은 차 분주히 달리니
힘찬 삶의 스크린 같구나

오늘의 산책은 참 상쾌하다
삶의 뜻을 되새기는
고마운 새벽길이여…

미완의 시

마당에 누가 오는가
바람이 창문을 두드린다

이른 잠에서 깨어나
계절 따라 흐르는 일상사
한 줄로 그리려 하련만
마음뿐이네

밖에서 누가 부르는 듯
불현듯 나아가
두리번두리번 찾으나
그님은 아니 왔네

참일까 아닐까
가슴 뛰는 바램에
꽃망울 터지듯
아름다운 시 터지려마

온종일 서성이며

미완 속에 머리 묻고
슬프고 기쁘고 밉고 사랑하고
뿌듯한 삶의 시를…

그대에게 사랑을

내가 지극히 사랑하는 이여
그대 얼굴은 해맑은 백합 같고
뭇 사람 중 해같이 빛이 나누나

머리는 반백의 양털 같고
머리결은 보드라운 비단 같네

눈은 비둘기 눈 같고
젖으로 씻은 듯 초롱초롱하구나

뺨은 우유빛 향이 흐르고
입술은 백일홍 꽃 같아
즙이 뚝뚝 떨어지는 듯
참 사랑스럽구나

내가 사랑하는 그대여
그대는 나의 반려자로
나는 그대의 사랑사리 되어
백년해로 하고 싶구나

천사 같은 여자여
어여쁘고 어여쁜 그대여
나는 그대를 그대는 나를
사랑으로 감싸 안고
강물같이 흐르자 구려

그대의 생일生日

출생出生은 세상에 나옴을
생일은 이를 맞이하여
그날을 축복하는 의미지요

사람은 신의 섭리에 따라
세상에 태어나고

세상은 이를 맞이하며
맞이함 속에 축하와
장래를 기리는 것입니다

태어남은 계절과 날이 있어
계절 따라 생일을 맞는
예스러움도 있지요

그대 생일은 가을의 한복판
음력 9월 19일은 길일
참 좋은 계절이구려

오곡이 무르익는
풍성한 계절
마음은 한가로워

온 가족 한자리에 모여
오순도순 생일을 축복하니
보기 좋구려

73회를 맞이하는 그대여
나와의 이성지합이 어언 50년
내년 음력 정월 십팔일쯤
금혼 일도 기대합니다

검은머리 파뿌리 되어
기력은 쇠했어도
머리는 한 송이 미려한
꽃으로 아름다워요

나와의 반백년 풍상을

머리에 이고 뒤돌아보니
어렵고 험난한 고통의
시절도 있었지요

그래도 풍기는 채취와
노령의 수려함 있으니
그대 유구하시라

싱싱하고 건강한
노후를 바라며
구구 팔팔 이 삼 사
합시다

그리운 어머니

어질고 청순하고 잔잔한 고운 성품
귀티 나는 남 다른 어머니
서른여덟 청춘 과수
자식 향한 일편단심 변할 줄 몰라
자나 깨나 자식걱정

험난했던 육이오 동난
초근목피 연명키 어려워
밀대 방석 다섯 개로
폭파된 폐허의 자리에
바람막이 집 아닌 집을 짓고
풀빵 장사라도 하시려는
개미허리 같은 병약한 어머니의 인고

엄동설한 그 고생 상상키 싫다
끝내는 방물장사로 감당키 어려운 고초
삼 남매 키우셨지
형언키 억장이 미어진다

청춘의 유혹도 있으련만
깊은 사랑과 애정으로
아들 형제 딸 하나
올곧고 심성 착하게
훌륭히 키우시려는 오직 한 마음
과부 자식 소리 듣지 말라
훌륭히 자라라
밤낮 지새우셨지

아둔한 이 자식
어머니 그 마음 미처 헤아리지 못해
불효한 것 이제야 마음 아파 후회하니
천근만근 한이 되네

병마로 아파하시며
숨겨 놓은 한마디
남편 그리움!
너의 아버지는
나 이렇게 두지 않는다

그 말씀 가슴에 비수 되어
한없이 통곡한 나
방법이 없는 상악골 암
한 많은 54 세로 생을 마치셨네

유언의 말씀은
나 천국 가니 너희도
하나님 믿고 천국에서 다시
만나자 하시며 운명하시니
하나님도 무심치 않아
그날이
크리스마스 이브였지
얼굴은 천사같이
평안한 모습으로
천국 가신 그리운
어머니여 다시 만날
그날까지 영원복락 누리소서

사랑아

너는 어찌 그리 아름다우냐
화려하고 미려한 사랑아

너는 삼나무같이 수려하여
너의 가지는 많은 자녀 같구나

내가 높은 향나무에 올라
너를 애써 잡으려 하나

너는 삼각산 봉우리 같고
계곡은 깊은 연못이구나

네 입의 사랑은 꽃잎 같아
꿀벌이 마냥 노니누나

사랑하는 자야 그대의 품에
부드러운 꿀이 흐르도록 하렴아

나는 너의 사랑지기 되고

너는 예쁜 사랑받이 되어다오

사랑아
사랑이 너무 급 하게도
너무 느슨하게도 말라
사랑이 식을까 염려로다

(세상에 마음 붙일 곳이 어디더냐?)

세월

보고싶다
말을 할까
하려니 그립고

돌아갈까
하려니
너무 아쉽네

앞산엔 꾀꼬리, 들에는 종달새
서산에 해질 무렵
하루를 지저귀네

뮛부리 도는 물은
앞강을 채우고

세속의 물은
어서와 합물 하자하네

흐름은 연달아

흐르고 흐르네

시始 같은 단비

긴 긴 가뭄에 밤부터
많은 비가 내린다

한 알의 빗방울이 모여
세 천을 이루고

뫼부리 돌고 돌아
처처이 강물 되어
창파를 이룬 비

참으로 고마운 비여
모든 생명의 시始가 되어
몸을 던진 모성애 같은 비

말라붙은 무수한 생명체가
단비 맞고 활짝 웃는 다
시始같은 비여 고마운 비여

푸른 연모

창공이 높고 푸를수록
나도 자꾸 푸르러져서
창공 속으로
푹 빠지고 싶다

바다가 넓고 푸를수록
나도 스스로 넓어져서
수평선 넘어 너울너울
춤추려 한다

산이 높고 골이 푸를수록
나도 절로 골로 빠져서
풋풋한 향기 속에
폭 묻히고 싶어 한다

지평선이 넓고 길어
여명이 밝아 올 때면
나는 한없이 푸르고자
지평선에 고정되어진다

입춘의 소리

계절의 윤회는 올해도
입춘을 소리 없이 불러
한갓, 두 갓 겨울을 벗네

생生발發지之기汽의 쑥, 냉이가
향을 피워 동면을 깨우고
우수경칩은 봄을 알리네

뾰족이 움트는 암수들
생육하고 번성하는 소리
개구리 기지개 펴고
암소 음매 마주하네

동구 밖 멀리 간 겨울
아지랑이 하늘하늘 춤추고
종달새 하늘 높이 지저귀네

봄은 조용히 찾아와
처녀 총각 숨은

가슴 설레이고
젊음을 마음껏 자랑하네

귀가

내 가리라 저 높은 집으로
여명에 닿은 빛이 환히 밝을 때
새댁과 함께 정성 다해

내 가리라 저 높은 집으로
해질녘 당신과 함께 둘이서
기름진 이곳 잘 갈다가 쪽빛 눈짓 하면

나 혼자 저 높은 집에서
그대와 살뜰이 잘 즐기고
참 사랑했노라 하리라

제2부
갈 땐 가더라도

겨울비

까르륵 까르륵 기러기 나는 밤
창문 밖 비 소리 잠을 깨운다
쉬었다 다시 내리는
강약을 곡조 삼는 노래비에

목련나무 단풍잎이
추적추적 떨어지겠지
고요한 초겨울 밤에
차디찬 비가 스산하다

갈 곳 없는 노숙자들
움츠린 그 모습이 눈에 어려
벌판에 버려진 야윈 영혼들
보는 이 마음 시리게 한다

바람에 나부끼는 낙엽처럼
흘러 흘러 떠도는 알몸이
멈출 곳 어딘가에서
습기 먹은 나목처럼…

갈 땐 가더라도

갈 땐 가더라도
너무 서둘지 마라

석양의 낙조가 하루의 일기를
노을로 산허리를 수놓듯

그 무엇에 현혹되어
인생의 상처 되고

무엇의 늪에서
치유하지 못한 것들

반이라도 버려야지
가는 길 가볍지 않겠나

설마 길 서둘러
한 삼으려 하는가

버릴 것 다 버리고

상처 아문 다음에

지고한 사랑 하나면
족하지 않겠나

미처 모른 그대 사랑

그대 사랑 미처 몰랐네
비단결 같은 보드라운 사랑
그대와 만날수록 깊어진 사랑
너무도 살가운 사랑
밤 새워 이야기하고픈 사랑
세상의 시름 잊게 한 사랑
영혼을 행복케 한 사랑
마음 흐뭇 아릿하여라

이제는 잊을 수 없어
매순간 그리워지네
그대는 오래전부터 날 사랑 했다네
참으로 알 수 없는 건
그것도 자기를 희생하기까지!
아둔한 내가 너무도
원망스러워 한이 되네

더 이른 사랑이면 후회 없을 것을
늦깎이 사랑, 하해 같아

깊은 사랑 눈물로 사모하니
그대같이 하는 날
무던 마음 후회 삼아
오순도순 길이 사랑하리
깊은 언약 맺었네

결국은 무형 아닌가?

그 찬란한 오월도
날개를 좁히려 한다
무르익은 사랑처럼
꽃잎도 망울 맺어
따스함의 봄이 가듯
오월은 이렇게 간다

시간은 끊임없이 흘러
계절이 변하듯
계절의 흐름, 또한
사물의 형체를 서서히
아주 서서히 여물어
형체가 녹아 난다

생기의 결국은 삶인데
여물의 결국도 삶이지만
형체의 녹아남은
무형무색無形無色 아닌가?

* 무형은 형체가 없음을 뜻하며 무색은 정신적으로만 사는 세계를 뜻함.

사랑의 메아리

사랑이 사통오달에서도
광야에서도 끊임없이 메아리친다

길머리에서도 십자가 높인
큰 건물 안에서도 주야로

너희 야윈 영혼들아 들으라
거만을 기뻐하며 약한 자들을
도륙하는 힘 있는 자들아

오늘도 너희 눈이 빛을 가리우누나
이곳이 영구 도성인양
사특한 지혜로 말미암아
너희 메마른 영혼이 시들어 간다

이 사랑의 메아리가
밤낮없이 부르고 부르나
사통팔달에서 맴돌다 가는가?

처처에서 신음 하는 영혼들
사랑의 손길로 보듬으나
탐욕의 사탄은 끊임이 없구나

우주를 주관하시는 메시야여
이 답답한 현실 앞에
하루 속히…

(답답한 현실 앞에서)

산다는 것

산다는 것 그것은
생명이 있음을 의미하고
죽음은 저 너머로 모든 것이
정지되어 사라짐을 말한다

산다는 자체는 생명을 이어가기 위해
좁은 공간에서 서로
비비고 밀치고 넘어지고
다시 서며 도와주고
자기 삶을 취함이란다

그것을 위해 노력함이 삶의 여정
진리와 지혜는 삶의 길인데
지식만 삶의 길로 유도하는 지식문명은
사랑이 매몰된 가혹한 현실로 흐르니

그 과정 속 선악을 전제로 삶을 가르고
옳고 그름을 나누어 남을 저주하는 삶 속에
사랑과 화해로 서로 돕는

어설픈 나눔의 삶이지

세상의 모든 것 탐욕적이라
그 원리(사랑을) 잘 따르면
평화로운 삶이 있으련만…

이름

고고성 울리며
세상 밖 태어남은
이 세상이 거칠어
우는 첫 소리라지

태어나며 이름 석 자
없느니 없어
내게도 이름 석 자 당연하여
내 이름 박준규라네

성이야 운명적인, 클 박(朴)이고
법을 지키라는 법 준(準)자와
왕을 조견할 때 손에 쥐는 홀(笏)을
의미한 홀 규(圭)로 지음은
아마도 크게 된 벼슬을 바라는
부모님의 뜻일게다

이름 해명하는 명사 왈
공부 많이 했으면

정치가로 성공했을 것을
아쉽다네
실없는 명사 아닌가?

이 이름 운이 세니
홀 규(圭) 자를 큰 대자로 누른
별 규(奎) 자로 개명하면
인생 후기에 영화를 본다 하여
별규 자로 개명해 보았네
박준규朴準圭(奎)

팔질八耋

팔질이여!
그대는 나를 보고 허물없이 부를 수 있는
귀여운 이름이라네

매번 보는 순간
부를 때마다 마음에 집히는 것은
부르는 대로 물방울은 한 곳으로 흐르고

팔순八旬은 내일 모랜데 계절 봐가며
찾아오는 것은 친구라 하였건만
스치는 세월은 상처뿐이라네

앞마당 목련 나무, 가지 쳐 망울 맺고
자색 꽃 활짝 피었어도
어느새 이별 날엔 꽃잎은 뚝뚝 떨어지네

손자 이름 뭐라든가
가물가물 생각나
아마도 그것은 팔질 문턱이려네

하늘 아래 인생이 벌써인 것을
삼층 천 임 앞에 자리는 비어있는지!

고달픈 하루살이

차디찬 새벽 인력시장
하루살이가 걱정인
애끓는 영혼들이 모였다

까맣게 타버린 허약한 몰골
분노가 이글거리는 눈빛
불합리한 세상을 원망하며

번하게 밝아 오는 여명에
줄을 서서 고용주를 기다리며
애꿎은 담배에 조바심을 태운다

이생의 어려움은 타고난 운명
가진 자나 못 가진 자나
결국은 하나같이 어려운 존재다

하루의 고달픈 삶을
너무 자학하지 말 것이
인생의 결국은 다 한가지니

하늘을 향하여

수목이 저 하늘을 향함은
뿌리는 땅에 굳게 박고도 그들은
햇님을 쳐다보고 항상 서 있습니다

누구보다
좀 더 자리 높은 곳에 있어도
명색이 남보다 뚜렷해 본들
싫은 놈 혼내 주는 힘이 있다 해도
그런 것이 다 무엇인가요?

차 한 잔만도 못한 것들
그리 자랑할 일 못 되고
발은 항상 땅에 딛고도 우리는
햇님을 늘 쳐다보고 걸어갑니다

죽음의 결국은 같은 것인데
자리 높은 자도 자리 낮은 자도
죽음 후에는 옳고 그른
흔적만 남는답니다

흐름

강물은 흘러 바다로 가고
구름은 흘러 어디로 가나
철새도 계절 따라 흐르고
사랑도 세시 따라 흐른다
인정도 세시 따라 흐르며
차들은 신호 따라 흐른다
풍속도 세시 따라 흐르며
말들은 바람 타고 흐른다
옳고 그름도 세속에 흐르니
바람은 불어 어디로 흐르나

모든 것 정체됨이 부패요
물은 흘러 부식물 씻기고
흐름을 수초가 막아 돈다
흘러도 땅은 변치 않으며
흐름이 급하면 상처 내고
흐름이 막히면 악취 난다
진리의 흐름은 事理일진데
이 흐름 막을 자 누군가요

흐르고 흘러 썩은 것 씻어
이 흐름 영원히 흐르기를…

후회後悔

내 미처 몰랐네
마구 삶의 응보여

……

아…
너무 아쉽구나

떠남은 그리움 되고

생각이 같을까요?
헤어짐은 실망 같고
만남은 희망 같습니다
가실 이 있고 오실 이 있으니
슬픔과 기쁨도 함께 하지요

강남 제비 봄소식 가져 오고
가을 제비 단풍 소식 가지고 가지요
겨울 철새 눈 소식 가져 오고
여름 철새 비 소식 가져감이
자연은 만남과 이별을 숨기지요

우리들의 헤어짐과 만남은
기쁨과 그리움이 아쉬움 되고
어설픈 속세엔 못다한 정만
남겨 진다오

가인의 조건

우유빛 두 빰에 헌칠한 키
옷 칠한 듯 부드러운
삼단머리

영롱한 두 눈빛
발 아래로 스며와
구슬처럼 아름답다

어여쁘다, 비단으로
선녀 옷을 만들고
나비 단장 하였구나

타고난 붉은 입술이
험한 성정에
더럽힐까 염려로다

제주의 암말은 순하고
애띠기만 한데
숫말은 처녀마음 모르쇠라

문명의 현실은
가인의 조건이
그러한 듯 만 듯 하고나

속없는 사람

남들이 속없다고 붙여준 이름이다.
그 이름 너무 좋소, 빌 공자 공空이 얼마나 좋은가
공명空名과는 관계없는 그 이름
비우고 또 비워서 속이 다 시원하오
속없는 사람 골 빠진 족속이라 착각 마오
속없다고 골까지 빠진 건 아니오
골을 빼도 속俗만 남는 것과는 다르오
어리석게도 속없는 것이 참 편하오
속없는 사람을 속없는 사람이 좋아한다 하오
그들은 사람을 나무라지도 않지요, 왜냐구요?
자기를 닮았다는 거지요
속을 속절없이 비워놓고
바닥까지 품고 가려는 그 들이 무한이 좋소
누가 저를 속 빈 놈이라 비웃는 거요?
모르는 소리 마오 속이 없으니
너무 홀가분하오
속이 없다고 가볍진 않으니
바람에 흔들릴 줄 아나
내중內重은 측량 못하오 ?

아! 이 말을 뇌임은
아직도 내 속에 찌꺼기가 남아있나 아쉽소
높은 곳의 참(眞)을 조금씩 채워가니까요
속이 없이 사는 건, 마음은
세상을 초월한 것은 아닌지?
천치와 같은 삶으로
남은 인생 비우고 간단없는 길 가려하오

* 공어(空魚) 이야기의 개작임.

* 천치는 : 하늘 치를 뜻함.

네가 있기에

가을아
네가 있기에
높푸른 하늘을 보고
너를 벗 삼아
멀리 떠나고 잡구나

네가 아니면
오색 단풍이 있겠느냐
너로 인해 아름다운
황홀을 한껏 맛본다

가을아 너로 하여
찬 서리 짙게 내리니
오곡백과 감칠맛도
실컷 즐긴다

계절 따라 철새의 군무도
널 푸른 호숫가에
오밀 조밀 수놓음도

그러나
아! 가을아 너희들도
우수를 아느냐
너로 하여금 오늘도
인생의 추억을 더듬는다

너도 기한이 있어
올 때와 갈 때가 있으니
만물도 널 따라 오고 간다
오! 가을아
사람이 사람을
잘 모르니, 이 어찌된 일이냐
해가 달에 가려서 생긴 일이냐
달이 구름에 가려 생긴 일이냐
너 알거든 말해다오

너는 사람을
어찌 홀대 하겠느냐

세상이 홀대 하더라도
너는 그리 하지 말라
너마저 그리하면 너무 슬프다

너는 왜 그리도
사람의 심사를 흔들어 놓고
모른척 훌쩍 가려 하느냐
너무 무심하지 않은가

네가 있기에
높은 하늘(하나님)의 의미를
깊이 묵상하노니
너도 그 오묘함을
오래 간직 하려무나

가을아, 가을아 너는 한껏 숙성되어
산하를 풍요롭게 하여라…

단풍이 찬란히 짙을 무렵에

만남의 음계

멀리 떨어져 있다고
못 만나리라 생각 말자

멀리 있음은 만남을 준비하고
시간의 흐름은 만남을 재촉 한다

오선지에 삶을 조율 하고
백선지에 줄을 잇고
삶의 열정을 예쁘게 이어가자

마음속에 흔들리는 바람 소리도
눈물방울 백선지에 점을 찍어
살면 살수록 아파지는 허무한 세상아

조금은 외로워 질지라도
밉도록 사랑한 것들을
오선지와 백선지에
만남의 음계로 이어보자

임을 기다리며

목마른 대지는
흡족한 단비를 기다리고

땀에 흠뻑 젖은 몸은
시원한 바람을 기다린다

떠난 임이 그리우면
오실 날을 기다리고

그리운 임 보고나면
또 보고파 기다린다

올 해가 지나면
희망의 새해를 기다리고

다정한 친구와 헤어지면
기쁨에 만남을 기다린다

인생은 기다림이 시작이고

끝남도 기다림이니

가슴이 설레이도록
처다 보고 기대고 싶어
기다려야 하는 삶이여

제3부
강산이여

아늑한 내 고향

언제나 아늑한 곳
저녁노을 불그레
곱게 드린 하늘가에

철새도 찾아 쉬는 땅
어릴 때 떠난 친구들
잠시 찾아와 더듬는 고향

지렁이 서리서리 뭉쳐
바늘 없는 낚시에
장어 잡던 곡교천曲橋川

여름을 건너온 가을
기러기, 떼 지어 노니는 장어들
긴 겨울 깊이 파묻는 화롯불 같은

애환이 묻힌 사랑하는 이곳
내 영혼 하늘 높이 나르는
아름다운 고향 염티鹽峙라네

강산이여

불러도 대답 없는 강산이여
보고도 아니 뵈는 강산이여
야인들의 싸움에 더렵혀진
이 풍진 터전을

부르다 지쳐버린 수많은 영혼들
못다 지른 말 가슴에 안고서
영영 외치지 못한 그 소리

사랑하는 강산이여
아름다운 강산이여

금수강산 찢긴지 몇몇 성상
짙붉은 태양은 산마루에 걸리고
오늘일까 내일일까 내 묻힐 강산을

홀로 떨어져 산허리에 앉아
임의 이름 부르다가
그리움에 겨워 슬픔에 지쳐

바라던 소원은 스치기만 하고
야박한 세정만 원망스럽다

강산을 기원하는 장승처럼
머리허리 이어져
사랑하는 산하 하나 되어
아름다운 꽃 활짝 피어나기를…

삼길포 가는 길

오늘은 삼길포로 가잔다
친구들이

하필이면 그 추운 날에
버스에 몸을 싣고 가는 것도
새로운 즐거움이라

가는 길 따라 쓰러진 거목들
2010년 9월 콤파스
태풍이 뭉개고 간 자리
폭탄의 장난인 듯 어지럽다

품위 갖춘 장송들이
순간의 폭풍에 그 고고함
이리저리 스러진 나약한 모습
우뚝 솟은 그 당당함 어디 갔나?

자연의 섭리 앞에 맥없이
무릎 꿇은 그 수목들

천하에 삼손도 이와 같거늘
신의 위력 어찌 감당하리!

인생의 영화가 초로와 같거니
모두 다 우주를 지배하는
지존 자 그를 경외하여
모든 시름 맡기세…

그대 있으매

지존자 수면에 운행하시며
빛이 있으라 하시매
빛이 있음이여

그대 있으매
만물이 소생하고
결실을 맺는다

그대 있으매
낮과 밤 가르고
해와 달별이 빛을 발한다

그대 있으매
봄에는 향긋한 꽃
여름엔 싱그러운 푸른 잎
가을엔 오색 황금빛 잎 열매
겨울엔 새하얀 뽀드득 눈이

그대 있으매

모든 생명체는 사랑을 불태우고
억겁을 이어 간다

아름다운 사랑은
그분의 진리요 영화니
만물에게도 그 영화
이 강산에 주시도다…

또 한번 간구한다

겨레의 웅지에 선
그대에게

계사년 새해 첫발을 내딛는다
가슴에 부푼 믿음 안고
스스로 역사力事할 작정으로
어려서 다그친 굳은 마음으로
힘차게 딛는다, 민족 위해서

절대자 같은 총명으로
위대한 삶의 터전을
마음 고이 담은 깊은 사랑으로
준비된 그림을 사실화하시길

꿈에도 잊지 못할
반도의 풍요로운 내 묻힐 곳
지혜와 총명 다해
흐트러진 오천만의 함성 한데 모아
산과 바다에서 동서남북 어디에도

소리 따라 흐름 따라 구석구석 살피시고

어그러진 톱니 바퀴 다시 끼워
항구마다 수천 만 톤 화물선이
민족의 승리감 같은 뱃고동 울려
화려강산 무구 안전 하나로 모아
아름다운 꽃 활짝 피우시구려

무시로 그린 사랑

그대는 나의 사랑
어여쁘고 어여쁘다
모두야 내 사랑
무시無時로 그린 님이여

금수로 펼쳐 놓은 아름다움이여
호수처럼 맑음이여
서로가 탐이 나서 수천 년 싸움질
굳건히 이겨낸 민족의 결기들

한줄기 철조망 걷어치지 못해
한이 된 애끓는 사연이
간이 될 듯합니다

백두와 금강 한라산이 한데 어울려
꽃향기 이룬 산하, 그 향이
흐려질까 마음 졸여 합니다

진작에 멍이 든 마음이련만

이 밤 이슥토록 자리 뭉기다
하얗게 밝힌 아침이여…

* 나라의 하나 됨을 그리는 마음

* 간이 : 죽어 세상을 떠난 사람

남자다움

남자다움을 어디에 둘까?
용맹함에 둘까
의리를 우선함에 둘까
의기 넘침의 분노에 둘까
그것들은 다 있을 수 있지만

아마도
분노를 이기고
자신에게 악을 행한 자를
용서하고 사랑하는 자가 아닐까

백의종군 이순신

왜구를 타도하자
드높이 외치신 이순신
그 목숨 다하도록
거북 선상 호령이
지금도 들리는 듯하여라

나라 위해 바치신 그 얼
백의종군 그의 심장에
피가 식을 때까지
얼마나 독려 하며
간절히 외치셨으랴…

부슬비

어제부터 훈풍이 불더니
새벽부터 부슬비가 내린다

마당 끝 목련화 활짝 피고
매화는 한 잎 두 잎 소리 없이 떨어져
나무 밑은 환 하다

참으로 알 수 없는 건 하늘의 조화
그제는 그리도 화창 하더니

수직으로 떨어지는 부슬비는
어느 가냘픈 여인의 애환 같구나

가끔은 먹구름 사이로 비치는 햇살이
나의 구비□碑지는 마음을
뒤척이게 하는구나

모두야 뜻있는 현상들이지 만
오늘일까 내일일까

분단의 끝을 누가 알려는지

* 구비라는 말은 설화, 민요, 수수께끼 등을 말함.

슬기로 행복을

세상을 밝게 보아라, 눈의 창을 깨끗이 닦고
자연을 맑게 보아라, 마음에 눈을 환히 밝히고
일상을 풍요롭게 하려거든, 탐심의 자루를 버리라
행복하려거든 가정을 즐거운 놀이터로 만들라

남의 잘못을 들은 둥 만 둥 하여라
희망은 늘 의로움에 두고 다듬어라
어떠한 일에도 환경을 탓하지 말라
불평으로 마음에 상처가 큼이라
타인과의 비교는 어리석음을 자처함이라

소중한 인연을 미움으로 불사르지 말라
외로움은 교만한 관계에서 오나니
배신을 당함도 이에서 연유함이니라

불의한 일에 눈과 귀와 코를 막으라.
의로운 일엔 마음을 다하여 합심하라
삶의 고마움을 깊은 사랑으로 보답하라

남에게 인정을 받으려거든 약속을 지키라
존경을 받으려거든 남을 사랑하고 존경하라

못난이

쓸쓸히 살다 죽을
내 빈 영혼이
꽃 한 송이 꺾어 보지
못한 나는
못난이

얻고도 잃는다는 것이
삶의 무게에서 나는 것
사랑함과 미워함도
토박한 마음에서 나는
못난이 탓

감성이 서린 마음
기쁨과 슬픈 날의 주일
삶의 여정 맡기고
목청을 다해 바치는
못난이

날마다

죽고 또 죽어도
아픈 마음 되살아나도
기쁨으로 살
못난이의 생

안녕을 그리며

사랑으로 지붕 삼고
믿음으로 주추 놓은
그대 사랑이시여

봄날의 아련한 아지랑이처럼
사랑의 꽃 뭉개 피는 그대
영원을 그리며 손짓한다

화평한 마음엔 영원한
사랑의 열매 주렁주렁
참 곱게도 아름답다

위대한 사랑이 온 누리에
촉촉이 내리고

어둡고 험한 곳 갈세라
노심초사 헤아린 마음
사랑으로 피어난다

그 사랑 먹은 이들
몸으로 이어 받아
이(理) 위에 다시 피우니

우주는 견고하여
만물은 안녕 하리니
그대 사랑 영원하여라

* (理) 위에 : 성리학에서 말하는 우주 본체를 의미함

언제일까

황혼의 해님은 가실이 재촉하고
동편의 여명은 오실이 재촉하나
가실이 장벽처럼 미동이라
오실이 마음 답답하구나

바다 건너 거대한 자유의 여신상
빙설의 붉은 곰 죽림의 반달곰들
토끼 허리 자르고
머리꼬리 싸움 붙여
말리는 듯 부추긴다

현해탄 넘어 두 발통 쪽발이는
먹다 남은 먹을거리
혹시나 하는구나

말 못하는 오실이여
섬광 같은 지혜 모아
임 맞을 준비하세
광음은 여시(光陰如矢) 같구려

태초부터 구비口碑하신 전능자여
끝이 언제일까 애절한 마음
가실이 있고 오실이 있는 날

그날을
그대에게 간절한 마음으로
팔천만은 간구합니다.

* 구비 : 옛날부터 두고두고 전해 오는 말.

용광로처럼

채이고 밟힌 들꽃처럼
봄 되면 다시 피어나
나 여기 있소 활짝 웃어라

천둥 번개 비바람이
잔잔한 호수에 파도를

너 힘내고 다듬어서
한 송이 꽃이 곱게 웃도록

춘삼월 벚꽃이 한 잎 두 잎
시를 쓰며 떨어지듯
너도 그 고상한 사랑 시를
한 잎 두 잎 새겨 보려무나

청순한 송아지 큰 눈 뜨고
두리번두리번 바라본다

큰 소망 가슴에 안고

희망의 찬가를 힘껏 부르고
또 부르라

그리고 용광로처럼
이글거려 넘쳐나라…

어떤 말

어떤 말은
나무에 부딪히자
경망스런 노루가 되어
달아난다

어떤 말은
소리와 뜻이 갈려
떠들 다 떠들 다
사그라져 간다

어떤 말은
소나기처럼 쏟아져
불꽃처럼 타다가
스러져 간다

어떤 말은
꽃에 부딪히자
아름다운 나비가 되어
다가온다

잠자는 영지英知

용암처럼 이글거린다
잠자는 영지가

먼 날 황토 벌 끝자락에
이름 모를 꽃 한 송이처럼

뭇 시선을 이끌도록
아름다운 자태로 웅지雄志를 틀어

마음껏 심금을 울리는
심연의 소리로

잠자는 영혼에 무지개가 되도록
일곱 빛깔 노래 지어

잔잔한 심령 기쁨 되어
웃으며 요동치게 하렴아

잠자는 영지여…

하늘 동산

— 어느 세 남매

천지간에 맺은 꽃눈
아름다운 꽃이라네

하늘동산 피는 꽃도
널 사랑한 꽃이라네

영인 산골 날다람쥐
호두 따다 쌓아놓고
찾지 못해 안달이네

사랑 실은 꽃마차는
어둔 골목 찾건마는

황당 슬에 떠나버린
피다 마른 꽃나무야

애닯다 이 여린 꽃
너를 잡고 한숨 지네

(안타까운 죽음에서)

제4부
저 너머 그곳

높은 데서

높은 데서 나를
꽃봉우리 되게 하는 임이여
그 향에 빠져 나는 가까이 가려 합니다

화평한 데서 나를
그리움 되게 하는 임이여
밤낮으로 비둘기 눈 초롱 되려 합니다

벌판이 너무
어둡고 험해서, 흠도 티도 없으신
사랑하는 임이시여

살아생전에
맑고 아름다운 꽃 한 송이 되려함은
살아생전에
그대 향한 곧은 길을 가려 하외다

저 너머 그곳

원계수源溪水 흐르는
사랑의 동산에서
알 수 없이 떠나 와
모진 세파에 쪼들려

질경이처럼 밟힌 영혼
빗물에 씻긴들
할퀸 이파리
새파랗게 펴지려나

꽃향기 그윽한 내 고향
솔 뫼산 돌고 돌아
삼층 하늘 오르고 또 올라
언제 가려만

꽃향기 가득히 피어나고
늘 푸른 생명수 흐르는
사랑 잔치 펼쳐지는 곳

임 계신 높고 높은 그곳
저 너머 아름다운 궁전이
우리들 영원히 살 곳이라네

아름다운 곳

봉황새같이 귀하신 이여
하늘의 아름다운 곳을 아시나요

전능하신 분이 계신 곳
사랑과 화평이 영원한 곳
불의와 다툼과 죽음이 없는 곳 말이요

철없이 뛰노는 허허 벌판
산림이 우거진 습한 곳에서

천사들이 받들고 공경하는
보석으로 단장한 그 찬란한 곳을

사막의 낙타가 애타게 찾는 곳
생명수가 흐르는 오아시스 말이요

부담 없이 같이 가실 분 누구 없나요
함초롬한 연인이면 더욱 이고요

바람이 스쳐도 가는 곳 모른다오
영혼이 정주할 곳은 더욱 모른다오

행려자처럼 방황하지 말고
천국의 영원한 아름다운 곳으로요

용서하는 마음으로

그런 줄 알면서도
애써 가벼이 여기고
험담을 잊으려 하나

이 말을 여러 사람에게
퍼트리는 사람 때문에
잠 안 오는 날아

강아지 고양이들도
서로 험담하지 않고
꼬리 내려 다정한 눈길로
마주 한다

서로의 속된 심성을
웃음으로 자책하고
심통한 마음도 이해하는
어여쁨도

훈풍에 쇠눈 녹이듯

애써 혀를 깨물고
잊으려는 고즈넉함 도

결국은 자애로운 용서로
입 열어 아름다운
기도가 되기를…

그분의 신성과 인성

그분의 신성은 진리의 근원이며
그분의 신성은 경이로움이며
그분의 신성은 아름다움이며
그분의 신성과 인성은 거룩함이며

그분의 신성은 창조적이며
그분의 신성은 온전하여 화평을 이루시며
그분의 신성은 신뢰할 만한 함이며

그분의 신성은 의뢰하기에 합당함이며
그분의 신성은 참 사랑과 은혜이며
그분의 신성은 섬김의 생애를 갖게 하며
그분의 신성은 흠모할 만함이며

그분의 신성과 인성은 상상을 초월하며
그분의 신성과 인성은 십자가의 헌신이며
그분의 신성과 사상은 너무도 고상함이며

그분의 신성은 말씀에 기초하며

그분의 신성과 교훈을 묵상함은
그분의 신성과 인성의 도를 따르려함 아닌가?

그분의 신성과 인성을 사모하는 이들이여
그분의 분부에 충성함이

참 아름답고 마땅하도다

기도

가장 거룩한 시간에
무릎을 꿇고 기도하네

우리의 찬미와 시가
심령을 감찰하시는 분이
기쁘게 여기실 때

우리의 부족한 모든
것들에게는 그분의
용서가 베풀어지네

기도의 서투름과
용어의 어눌함에도
불합리한 생각도
주님은 많은 은혜로
부족함을 채우시며

모든 나약함에
귀 기울이시며

모두의 기도와 찬양에
중보자 예수께서
사랑으로 응답 하시네

길(道)

저 앞에 가시는 분
용모 수려한 분
가시는 거리마다 평화로구나

얼굴과 기상은
위엄 같고
말씀은 유수 같은 진리의 길

가시는 뒷모습 참 아름다워
흠모하여 그 발자취
조심 밟는 유약한 우리

하나님 풍모에는 아름다운 향
예수님 젊음에는
지고한 사랑의 향이
너무도 향기로워 사모하도다

우리의 모든 시름
그 향에 맡기고

우리도 화평의 길
그 길 따라

그 향기 내고 지고
내고 지고…

묵상

고요한 묵상의 배는
나를 싣고 하늘을 나르며
출렁이는 구름에 띄워
별빛따라 어디론가 항해 합니다

임이 주신 사랑의 편지를
가슴 조이며 펼쳐 보오니
너무도 진솔한 사랑에
눈물이 날것만 같습니다

그는 용모 단정한 숫 사슴 같고
아름다운 양 같아 항상 연모하여
나를 임의 곁으로 묶어둡니다

나는 묵상의 배를 천상의 뜰에 매고
그대의 순결에 깊은 애정을 담고
큰 호령으로 다시 오시는 날
그의 가슴에 나의 천국을
찬란히 그려 봅니다

사랑의 왕궁을 위해
드높은 파도를 헤치며
그대에게 바치는 영혼의
찬양 시를 한 아름 안고
이제 와 미소로 기다립니다

* 이제 와,란 늦게나마 제자리로 와의 뜻임.

믿음의 참뜻

믿음이란 서로 신뢰하는 것
신뢰 못함은 서로의 불행이요

불신의 근원은 믿지 못함에 있고
그 결과는 헛된 양약佯約만 하며

양약은 실망과 좌절과 방황
그리고 폐망의 늪으로 빠져듦이니

확고한 마음으로 신뢰할 것이요
그 결과는 아름다움을 창조 한다

세상의 모든 것은 약속으로 시작하니
신의 언약도 현재 이루어지는 과정이니

믿음은 미래의 것을
현재 안으로 이끌어
보이지 않는 것을
보이게 하는 것이요

그러므로 믿음이 소망을
소망이 사랑의 신뢰를 쌓는다

권능 자를 신뢰하여
불가능을 가능으로
이끄는 힘이 되도록
마음속으로 소리쳐
서로 굳은 믿음 갖기를…

빛나고 고귀한 사랑

사랑은 하나님의 형상이며 시작과 끝도 없으시며
오직 순수하시며 결코 측량이 불가능합니다

사랑은 불결한데서 멀리 벗어나 있고
사랑은 희생적이며 두려워하지 않습니다
사랑은 줌으로써 그 모양이 나타납니다
사랑은 전적으로 이타적이며
결코 보상을 원하지 않습니다

하나님의 사랑은 친구뿐 아니라
적에게도 사랑의 빛입니다
사랑은 모든 이에게 베푸는 자의
선함에서 흘러나옵니다
모든 사랑은 잘못을 기억치 않으며
허다한 허물을 부드러운 사랑으로 덮습니다

사랑은 무례함을 친절로 보상하며
살인자와 살인할 마음을 가진
자들을 위해 기도합니다

사랑은 언제나 남을 생각하며
자기보다 남을 존중합니다
그러면서 사랑은 견고해 집니다

하나님은 자신이 사랑하는 자들을 징계하십니다
하나님은 그 대상을 해로움과 파괴로부터 보호합니다
사랑은 그것이 해롭고 파괴적일 때
결코 죄를 용서하지 않습니다

하나님의 사랑이 가장 빛나는 것은
외아들을 갈보리 십자가에
내어주신 일입니다

"오 하나님 당신의 사랑을 누가 측량하리요
당신의 모든 기쁨을 한 몸에 받으신 그분을
당신이 사랑하시는 아들 그리스도를
우리를 위해 그 보배자를 깨뜨리신
그 큰사랑을 말입니다."

"오! 우리는 한없는 그 은혜를 우리에게 주신
오! 그 큰사랑을 그에게서 누가 끊으리요.
우리는 감사로써 서로 사랑을 나누기를
다함없이 하렵니다."

사랑이시여

사랑이시여

임께서 나를 사랑하심이여
내가 임을 사랑으로 반겼나이다

내가 먼 곳에 있을 때에도
임은 나를 사랑으로 지켰습니다

아픔과 허물을 덮으셨으며
눈물도 큰사랑으로 씻으셨습니다

외로움은 사랑이 하늘 꽃 되어
날마다 즐거이 높이고 높이렵니다

이제는 너무 그립고 그리워
사랑이시여 죽도록 사랑하렵니다

저 높은 하늘에

당신은
저 높은 하늘위에 아름다운
삼층 천이 있음을 아시나요

그곳은 나에게 영원한
소망의 곳, 사랑이
듬뿍 담긴 곳이지요

무거운 대지 위에서는
목이 긴, 야윈 사슴처럼
사랑 그리워 헤매일뿐입니다

누가 나와같이 부담 없이
가실이 어디 없나요
함초롬한 어진 연인이면요

바람이 살짝 스쳐도 시린 영혼
먼데서 나는 굉음에도 놀라는
여리고 귀여운 이를 말입니다

나는요
바람의 방향도 모른다오
삶의 방향도 모른다오
갈 곳 모르는 행려자처럼

저 높은 삼 층천만 그리워하며
오늘도 하루가 저물어 갑니다

제게 물었습니다

"너는 항상 진실했는가?"
그렇지 못했습니다

"너는 항상 온유했는가?"
긍정할 수 없습니다

"너는 항상 남을 사랑했는가?"
낯이 없습니다.

그러지 못해
한때는 버리지만 못했던 내 마음이었습니다

그러나 내가
진실한 사람이 되고자 함과
온유한 사람이 되고자 함과
사랑을 나누고자 함은 나의 진실이기에
오늘도 이 아픔을 그립니다

앞에 내놓을 것 없는 말뿐인 사람이

그 현실 앞에 몸 둘 바를 몰라 머리 숙입니다

오직 하나
나의 마음을 찍어 사랑으로 채워지는
한 계기가 되기를…

짙은 향을

내가 눈감기 전에
한줌의 소금 같은 향을 내어

어떤 이의 마음을
뽀얗게 만들 수 있었으면

나의 조그마한 향이
몇 밖에 구원 못한다 해도

무서운 눈길을 향으로
온유하게 할 수 있겠지

어려울 때 잠시 허리 펴고
하늘을 보고 휴식을 할 때

나는 사르르 눈감고
사랑을 만져 보며

짙은 사랑을 펴는 한줌의

소금이 되려고 하오

영원으로 가는 영혼

— 아름다운 자매를 보내며

자매를 향한 애잔한 마음
영혼으로 외쳐도
깊이 잠든 수인이라 깨울 수 없네
흰 구름 타고 가는 자매여

어느 여인의 슬픈 사랑처럼
스치는 바람 소리에 울고
기도 속에서도 울었다
그리움에
울먹이는 가슴으로 소리쳐 불러본들

추운 날씨도 아쉬웠는지
따스한 사랑이 그리운 듯
슬픔이 진하게 스며와
겨울비는 뭇 심령들을 시리게 한다

웃음 띤 행함이 아름다워
보는 이의 마음을 숙연케 하신 자매여
피다 남은 꽃들일랑 사랑임에 맡기고

임의 보좌 앞에 편히 쉬소서…

모든 것 위에 풍성한 은혜

존귀와 은혜의 하나님!
기적 같은 행사는
그분의 신성을 드러내네

그분의 은혜의 영광이
온 누리에 찬란히 빛나며

고난의 죽음 길에서 은혜로 살리시니
그 은혜는 속성들 위에 빛을 발하네

누가 그분과 같이 남을 용서하며
누가 그분과 같이 이웃을 사랑하며
누가 죄인을 위하여 자기를 베어 주나

누가 그분과 같이 은혜를 풍성히 지녔나
누가 그분과 같이 우리를 감찰하시며
누가 때에 따라 필요한 것을 내려주시나

그분은 우주에 있는 모든 것 위에 홀로 계시며

크신 사랑으로 우리를 그의 품으로 품으시네

그분의 권위는 지존하시니 사랑은
아름답게 찬란한 꽃으로
영원히 피어나네

아름다운 눈물

주님의 사랑
십자가로 보이실 때
석고 같은 내 마음
숨길 곳이 없어라

오! 주여
저의 돌 같은 이 마음
사랑으로 녹여 주시고
십자가 앞에 부복케 하셨네

그의 말씀 내 심령에
메아리져 모든 의심 풀리고
소망의 기쁨이
내 가슴에 살포시 앉아

저의 무딘 이성에
참회의 감사를 느끼도록
안위와 화평을 가득 채웠고

죄 된 인성으로부터
권능자의 사랑과 신성이
내게 아름다운 눈물 되어
잔잔히 흐르도록 하셨네

굴곡진 용서

날마다 오랜 세월 기도해도
기도가 제일 어려운 것을
임께서는 아시겠지요

어느 날 참지 못할 큰 잘못도
어느 누구에게도
모두 용서하는 넓은
큰 그릇이 되었다가도

어느 날 뜻밖에도
겨자씨 알 같은 잘못도
용서하고 싶지 않은
굴곡진 작은 그릇도 알고 계시지요

떠내려가는 계곡 물 속
무 개념의 나무토막처럼
왔다 갔다 하는 관성款誠없는 용서가

이렇게 사랑의 네일 위에

서 있어도 되는 건가요?
나를 건지신 당신께 누가 되지 않도록
아주 작은 겨자씨 만 하게라도

임을 닮아 가는
깊은 도량(사랑)을 주시기를 간구합니다
임이시여

내 마음에 늘 계신 님

임은 태초부터
나를 그리워했습니다
그러므로
나는 임을 사랑하며 생각합니다
날마다
시간마다
그리고 순간마다

임은 하늘 높이 계시지만
내 영혼 속에는 늘 함께 합니다
잡을 수 없는 무형으로 계시지만
임은 나를 찬양으로 채워 가십니다
서로를 향한 사랑은 더욱더 가깝고
뜨겁게 굳어져 갑니다
내 영원한 찬송의 임이시여…….

사邪 안에서

거칠고 험한 벌판에
밝은 빛이 찾아와

높이 솟은 십자가에
뜨거운 해가 걸렸다

그 강열한 햇살이
사邪 안에 미치는가

어두웠던 믿음의 자식
순종의 예수님처럼

목을 길게 드리우고
그 안에 사랑 꽃을
마음껏 피워 가려 하오

어여쁜 아가

영산靈山에 초생달 걸렸구나
내 사랑 수선화야

우리의 만남은 밝음 되어
너는 달님 나는 햇님
섬섬옥수 사랑몰이 되고

그대는 나를 푸른 초장에 누이고
맑은 냇가로 인도 하누나
어여쁘고 어여쁜 내 사랑아
너는 너무 순백하여 티가 없어라

나의 침상에 잠시 쉬었다가
아름다운 너의 자태를 그린다

"그대의 눈부신 얼굴
삼단같이 빛난 머리
마음씨 널 푸른 하늘 같고
스스로 밝히는 햇빛처럼

영산靈山에 동남풍이 불어
그윽한 향기 힘껏 날려 다오
너는 영원한 나의 동반자 되어
사랑의 꽃이 활짝 피어나도록"

* 구약성경 아가에서

_ 마치며

세상의 사물들이 끊임없이 일렁인다.
봄에는 온갖 것들이 그렇고
여름엔 성장의 소리 장엄하게 일렁이고
가을엔 온갖 거들이 오색에 물들어 그렇고
겨울엔 사물들이 허리 휘어 동면 하는 계절이다.

이제
그 현상들을 시의 세계로 불러와
운율의 감성으로 채색하며
다시 솟는 새싹들처럼
영혼의 윤회를 믿으며
돌고 도는 시계바늘처럼
시인의 인생도 돌고 돌아
아름다운 시로 일렁이려 한다.

하늘이 주신 은혜에 감사하며 열심히 정진하렵니다.
독자 여러분께 깊은 고마움을 드리며……

박준규